MITOLOGIA NORRENA
Racconti dal Pantheon norreno

Adam Andino

CONTENTS

Introduzione: Breve storia della mitologia norrena   1

Capitolo 1: Gli dei principali   6

Capitolo 2: Creature e mostri nordici   14

Capitolo 3: Origini del pantheon norreno   21

Capitolo 4: La guerra Aesir-Vanir   32

Capitolo 5: I sacrifici di Odino   39

Capitolo 6: Sif e i capelli d'oro   43

Capitolo 7: Idun e le mele d'oro   47

Capitolo 8: Il mito di Fenrir e Tyr   51

Capitolo 9: Ragnarok   57

INTRODUZIONE: BREVE STORIA DELLA MITOLOGIA NORRENA

Sebbene i contrasti tra le diverse mitologie possano essere facilmente evidenziati e discussi, lo scopo dei miti nelle varie culture è lo stesso. Quella che oggi chiamiamo mitologia era un tempo religione, e le storie della religione erano usate per insegnare la morale, per spiegare diversi fenomeni e anche per intrattenere. La religione era, ed è tuttora, prevalente nelle numerose società e strutture di governo di oggi. Fin dall'inizio della civiltà, gli esseri umani sono sempre stati affascinati dalle meraviglie del mondo e da ciò che non poteva essere spiegato; di conseguenza, l'introduzione delle religioni e le meraviglie dell'aldilà avrebbero attanagliato l'umanità nelle sue molteplici forme. La mitologia, o religione, a cui è dedicato questo libro è particolarmente affascinante: la mitologia norrena.

I Vichinghi

I popoli che credevano nel pantheon nordico erano conosciuti come i Vichinghi, originari degli attuali Paesi di Norvegia, Danimarca, Islanda e Svezia. Regnavano sui mari e sulle terre che vanno dal Nord America alla Groenlandia, fino a Baghdad. Il loro impero si espanse e rivaleggiò persino con il grande Impero Romano.

Durante l'epoca vichinga, dall'800 al 1100 d.C., si espansero e cercarono ricchezza attraverso l'oro, l'argento, le pietre preziose e la terra.

I popoli germanici e gli anglosassoni

Anche i germanici furono inseriti nella cultura vichinga. Poiché l'epoca vichinga comprendeva gran parte delle regioni dell'Europa settentrionale, tra cui le isole britanniche e le regioni superiori delle Alpi continentali, le tribù più piccole delle popolazioni indigene erano spesso mescolate agli anglosassoni e ai vichinghi. Sebbene molte delle loro tradizioni potessero rispecchiare gli stessi principi e ideologie dei miti nordici, ogni tribù poteva possedere una propria forma di paganesimo. Tuttavia, a causa delle piccole popolazioni delle tribù e spesso dell'analfabetismo, questi miti sono andati perduti con il tempo e il cristianesimo.

Tradizioni orali

I Vichinghi parlavano in una lingua nota come lingua norrena antica, completa di rune scritte. Molto prima che i Vichinghi scrivessero le loro storie, i loro miti e le loro leggende, ne parlavano sotto forma di racconto orale e praticavano la loro religione adorando gli dei in modo "tradizionale". Non c'erano molti templi elaborati o altri luoghi di culto, ma gli dei venivano adorati soprattutto in casa, con le storie tramandate di generazione in generazione. Questo non è dissimile dalle pratiche di una famiglia per quanto riguarda la religione, la vita domestica e i giorni di festa.

Non si sa molto della mitologia norrena in sé. Ci sono solo pochi testi sopravvissuti all'epoca. I testi che sono riusciti a sopravvivere sono poemi e saghe. L'*Edda poetica* e l'*Edda in prosa* erano una raccolta di poemi basati sulle mitologie dei Vichinghi, insieme alle saghe, che descrivevano la vita dei re scandinavi e di eroi germanici come *Beowulf*. Le piccole raccolte disponibili sono state scritte a metà dell'epoca vichinga o subito dopo, durante il Medioevo.

È importante notare che i testi religiosi scritti durante il Medioevo sull'epoca vichinga potevano avere un'influenza cristiana. Alcuni dei miti e delle storie di origine assomigliano ad alcune favole delle mitologie cristiane. Questi testi sono stati scritti in un'epoca in cui il cristianesimo spingeva per convertire il maggior numero possibile di fedeli, e quindi storie simili a quelle dei vichinghi potrebbero essere state presentate come tattica di conversione.

L'introduzione del cristianesimo

L'introduzione del cristianesimo e il suo dominio hanno richiesto molti anni per sradicare completamente l'era precristiana delle mitologie religiose. Prima che il cristianesimo combattesse e conquistasse il dominio delle religioni, le credenze cristiane in Dio e Gesù erano integrate nella tradizione della mitologia nordica. Ciò era simile al pantheon romano, che istituiva nuove divinità ispirate alle storie cristiane e fondeva le divinità le cui visioni religiose erano diverse. I Vichinghi spesso credevano in entrambe le mitologie.

Il cristianesimo alla fine portò alla caduta dell'epoca vichinga, come molte istituzioni precedentemente pagane. Intorno al 1000 d.C., il cristianesimo divenne la religione nazionale in Islanda e il resto dei Paesi europei ne seguì l'esempio. Una volta terminato il Medioevo in Europa, la storia svanì nell'oscurità fino al Rinascimento, che iniziò all'inizio del XV secolo.

Durante il crescente annientamento delle società pagane, molte delle poche storie e mitologie germaniche furono distrutte nel tentativo di convertire i pagani al culto del cristianesimo. Molte delle pratiche pagane degli anglosassoni e dei vichinghi vennero messe al bando, mentre il cristianesimo si affermava nei regni e nei governi unificati.

Vita quotidiana per i vichinghi

Gli dei, proprio come in altre mitologie, hanno avuto un impatto sulla vita quotidiana dei popoli germanici e norreni. La percezione dei Vichinghi nella memoria moderna è quella di una realtà marinara e dura che era la norma. Sebbene esistano testimonianze di questi vichinghi, la vita della maggior parte di essi ruotava intorno all'agricoltura e alla casa. I sessi erano divisi: le donne stavano in casa a confezionare abiti, a cucinare e preparare il cibo e ad accudire gli animali da cortile come pecore e mucche; gli uomini avevano il compito di arare i campi, seminare le colture e fare la rotazione dei raccolti.

Nei villaggi più popolati erano disponibili anche mestieri speciali come il fabbro, spesso utilizzati in cambio di cibo. La carestia e le razzie dilagarono durante l'epoca dei Vichinghi e colpirono tutti. Anche le persone più ricche e prestigiose furono colpite da malattie e carestie.

I costumi dei Vichinghi

I Vichinghi non avevano una religione organizzata di per sé. C'erano alcuni luoghi di culto come templi e sale in cui la gente si riuniva per le celebrazioni e i sacrifici, ma non assomigliavano ai templi così elaborati come, ad esempio, quelli greci e romani. Avevano invece luoghi specifici dedicati a una certa divinità, come un boschetto. C'erano eventi legati alla comunità, come i sacrifici per le guerre, le carestie e persino i matrimoni. Spesso venivano sacrificati uomini e animali quando i Vichinghi ritenevano di aver fatto un dispiacere agli dei.

Le usanze messe in atto in relazione agli dei erano più personali e familiari rispetto a una religione centrale e rigida. Sebbene tutti credessero negli dei e nei miti che li accompagnavano, nei testi storici si legge che i Vichinghi e gli altri popoli germanici avevano legami personali con alcuni dei e dee.

Sebbene esistano ancora miti e leggende del pantheon nordico, ci sono molti buchi e messaggi contorti all'interno delle storie. I testi storici sono stati scritti per un pubblico che conosceva le informazioni e le cronologie precedenti delle divinità e delle leggende. Le storie di queste divinità mancano anche di un ordine cronologico, e non è sempre chiaro se il mito A sia accaduto prima del mito B o viceversa. La storia può essere in gran parte confusa e complicata, ma l'intrigo dei miti nordici è durato per secoli ed è così affascinante da aver ispirato una miriade di libri, programmi televisivi e film.

Nel prossimo capitolo, gli dèi e le dee del pantheon norreno riceveranno la loro giusta introduzione.

CAPITOLO 1: GLI DEI PRINCIPALI

Odino. Thor. Loki. Grazie alla saga di fumetti e film Marvel *Avengers*, la serie ha suscitato nei fan un rinnovato interesse per la conoscenza della mitologia norrena. Stan Lee, il creatore della Marvel Comics, si è preso libertà creative e ideologiche dai miti e dalle leggende e le ha utilizzate per raccontare storie avvincenti sul bene e sul male. Un'altra popolare opera di narrativa che ha tratto ispirazione dal pantheon norreno è stata la trilogia *de Il Signore degli Anelli* di J. R. R. Tolkien, completa di elfi, nani e magia. Il rinnovamento dei supereroi nel cinema e in altri medium narrativi ha portato a una rinascita di persone che vogliono saperne di più sulle mitologie dei popoli nordici.

Come in molte rivisitazioni fittizie, anche nell'universo Marvel ci sono enormi incongruenze nei dettagli dei personaggi, come ad esempio il fatto che alcuni personaggi siano intrinsecamente buoni o malvagi. Nei miti reali della mitologia norrena, le realtà non erano così bianche e nere.

Divinità Aesir

Nel pantheon nordico esistono due sottoinsiemi di divinità: Aesir e Vanir. Entrambi i sottoinsiemi di queste divinità erano potenti e temibili, ma non possono essere definiti semplicemente "buoni" o "cattivi". Le divinità Aesir vivevano ad

Asgard, uno dei nove regni dell'universo, con il dio capo Odino. Questo regno era il luogo con più sole e con i rami più alti di un albero noto come Yggdrasil. Yggdrasil era il centro di tutti i nove cosmi della mitologia nordica, con Asgard come ramo supremo. L'albero della vita verrà approfondito nel Capitolo 3: Origini degli dei.

Di seguito sono riportate le divinità in ordine alfabetico che erano associate a questa tribù di dei e dee.

Baldur: Il Dio pacifico

Baldur (o Baldr secondo alcuni testi e traduzioni) era uno degli dei più pacifici di Asgard. Era venerato sia dagli dei che dagli uomini per la sua saggezza, il suo fascino e la sua capacità di mantenere la pace. Baldur era il fratello di Thor e il figlio di Odino e Frigg, il re e la regina del regno. La sua sicurezza trasudava da lui, portandolo a essere spesso il mediatore tra gli umani e gli dei a cui rispondevano. Molti studiosi lo paragonano spesso al dio greco e romano Apollo, anch'egli noto per la sua straordinaria bellezza e il suo fascino.

La morte di Baldur portò gli dei a un evento noto come Ragnarok, ovvero la fine dell'era degli dei. Era stato predetto che Baldur sarebbe morto a causa del coinvolgimento di Loki, il dio ingannatore.

Bragi: il dio della poesia

Pur non essendo un dio importante di per sé, Bragi era il dio della poesia e un bardo della corte di Odino nel Valhalla. Nei testi precristiani si ipotizzava che Bragi fosse un tempo un mortale con un'affinità per la poesia, e che coloro che morivano e giungevano nel Valhalla avessero bisogno di un bardo per cantare le loro nobili storie e racconti. Si diceva anche che il dio fosse colui che accoglieva le anime dal mondo mortale al Valhalla. Come se non bastasse, si credeva che il dio fosse anche il marito di Idun, la dea responsabile dell'immortalità degli dei.

Tuttavia, secondo alcuni dei testi registrati sulla mitologia norrena durante il Medioevo, si riteneva che Bragi non fosse un dio domestico e quindi non fosse venerato come tale nel pantheon norreno. Ci sono molti fraintendimenti e idee sbagliate su questa particolare divinità, a causa della mancanza di testi religiosi sopravvissuti all'epoca vichinga.

Frigg: Regina degli Dei e Dea del Matrimonio

Frigg, la regina degli dei e moglie di Odino, governava sui nove regni. Era specializzata in matrimonio, maternità, profezia e saggezza. Anche se lei e Odino ebbero molti figli insieme, il suo figlio più famoso fu Baldur, il dio della pace. Frigg era il secondo in comando dopo Odino ed era l'unica, oltre a lui, a potersi sedere sul trono. Spesso paragonata a Era o Giunone, le regine degli dei greche e romane, non era un tipo geloso, ma aveva un atteggiamento calmo che era ampiamente rispettato.

Si credeva che la dea della profezia avesse visto la morte di suo figlio e la fine degli dei molto prima che gli eventi fossero messi in moto.

Heimdall: la guardia dei regni

Heimdall era la guardia dei regni e delle porte di Asgard grazie alla sua incredibile forza e vista. Si credeva che nulla fosse in grado di eluderlo, soprattutto coloro che cercavano di introdursi nel regno. Era rapido e impavido, caratteristiche che gli valsero anche la posizione di guardiano.

Idun: Dea della bellezza

Idun era la dea della fertilità, della bellezza e della giovinezza. Coltivava le mele d'oro che gli dèi usavano per il potere dell'immortalità. Tutti gli dèi volevano godere del suo favore per possedere il bagliore giovanile e l'energia che li avrebbe sostenuti per migliaia di anni. Viene spesso paragonata alle dee greche e romane Afrodite e Venere, ma non si sa molto altro su di lei, se non che era la moglie di Bragi. Molto di ciò che si sa su di lei manca purtroppo di un contesto, e quindi è un mistero ancora oggi.

Loki: il dio imbroglione

Uno degli dei più noti dei miti e delle leggende nordiche. Conosciuto come il dio imbroglione, era anche il dio del fuoco e un mutaforma che poteva trasformarsi in qualsiasi creatura e genere. Loki era un personaggio strano ma astuto, che agiva sempre per autoconservazione e per il proprio divertimento. I film e i fumetti della Marvel lo ritraggono come il fratello adottivo di Thor, mentre in realtà era considerato un compagno o un danno per gli dei.

Il dio dell'inganno era spesso in difficoltà sia con gli dei Aesir che con i loro nemici. Aiutò a salvare Idun dai giganti, ma poi uccise anche Baldur, causando così l'inizio del Ragnarok. Loki era figlio di una madre sconosciuta e di un padre gigante di nome Farbauti. È interessante notare che Loki non era considerato un dio domestico e nemmeno degno di un seguito. Questo fu forse il culmine di tutti i suoi inganni e dell'aperta derisione degli dei Aesir.

Loki è stato raffigurato come un dio o forse come un gigante; nemmeno i testi erano d'accordo su quale fosse la vera forma di Loki. Tuttavia, Loki ebbe molti figli con diverse creature, come Fenrir, Jormungand e Sleipner. Per saperne di più sui figli di Loki, si rimanda al prossimo capitolo, in cui si parlerà delle creature e dei mostri dei miti norreni.

Odino: Il re degli dei e il dio corvo con un occhio solo

Odino, il dio dai mille epiteti e nomi, era il re e il sovrano di Asgard e dei nove regni. Conosciuto anche come "l'Onnipotente", era il dio della poesia, della morte, della guerra e anche della magia. Regnava su Asgard con la moglie Frigg e aveva i figli Thor e Baldur. Potrebbe essere facilmente paragonato a Zeus o Giove, i re degli dei greci e romani. Tuttavia, era molto più complesso di questi ultimi dei adulteri.

Odino era noto soprattutto per aver indossato una benda sull'occhio dopo averne sacrificato uno alla ricerca di maggiore saggezza. Era un ricercatore di conoscenza e saggezza, che spesso si recava fuori da Asgard per ricercare maggiore conoscenza. Era una delle divinità più complesse ed enigmatiche del pantheon nordico, con caratteristiche quali l'essere sia un dio benevolo che un conquistatore spietato, con scarsa attenzione ai temi della giustizia e dell'equità. Come Loki, era interessato solo a migliorare se stesso.

La giustapposizione di questi tratti in questo dio è uno dei motivi per cui era venerato da tutti. Non solo era la divinità più potente dei nove regni, ma il suo atteggiamento freddo nei confronti della giustizia incuteva rispetto a tutti. Nei prossimi capitoli ci saranno altri miti che ruotano attorno a Odino.

Thor: il Dio Martello

Con il suo fidato martello Mjolnir, Thor dominava i cieli come dio del fulmine e del tuono. Era il figlio più famoso di Odino, più famoso del fratello Baldur, per la sua forza e il suo coraggio superiori. I guerrieri vichinghi citavano spesso Thor come ispirazione per la loro spietatezza e il loro coraggio in guerra. Ogni guerriero umano aspirava a diventare come lui e a incontrarlo nel Valhalla.

L'immensa forza di Thor derivava dal fatto che egli era il prodotto di Odino, un mezzo gigante, e sua madre era un gigante completo di nome Jord. Thor era considerato il protettore dei regni, soprattutto di Midgard, che è il regno in cui esistono gli esseri umani. Notoriamente aveva un debole per le donne mortali e spesso utilizzava il suo fisico a suo vantaggio.

Thor potrebbe essere facilmente paragonato al semidio romano Ercole solo per la sua forza e il suo fisico ineguagliabili. Ma le somiglianze finiscono qui. Thor sposò anche Sif, la sua moglie raramente menzionata, che aveva i capelli d'oro e divenne il dio della fertilità e dell'agricoltura. È stata profetizzata anche la fine di Thor nel Ragnarok, dove lui e Jormungand si distruggono a vicenda.

Tyr: Dio della Guerra

L'ultimo dio del pantheon degli Aesir della mitologia norrena era Tyr, il dio nordico della guerra. In contrasto con la sua specialità, il dio della guerra era notoriamente equo e giusto. La sua bussola morale per l'equità era ineguagliata dagli altri dei. Non partecipava alla guerra se non come ultima risorsa, in netto contrasto con le sue controparti Marte e Ares, le divinità romane e greche della guerra. Il suo carattere incarnava il bisogno di giustizia, come verrà illustrato più avanti in questo libro, quando parleremo del mito di Fenrir e Tyr.

Purtroppo, la discendenza di Tyr rimane sconosciuta a causa della mancanza di miti e storie a lui legate. Era un dio molto potente e importante, ma purtroppo sono sopravvissuti pochi testi che raccontano informazioni sostanziali su di lui.

Divinità Vanir

Le divinità Vanir erano quelle che non regnavano ad Asgard. Gli dèi e le dee di questo regno erano meno conosciuti; non è stato scritto molto su queste divinità. L'altro aspetto che distingueva le divinità Vanir dagli Aesir era che possedevano la conoscenza della magia e, pertanto, erano nemici formidabili contro le divinità Aesir durante la guerra Aesir-Vanir, di cui si parlerà in modo più approfondito nel Capitolo 9.

Freyja: Dea della magia

Freyja era la figlia del capo dei Vanir, Njord, e la sorella gemella di Freyr. Era la dea della magia, della fertilità e della lussuria. Si ritiene che la dea sia stata anche la causa dell'introduzione della magia Aesir e Vanir. Era spesso raffigurata nel suo carro trainato da due gatti. Come Odino e il Valhalla, Freyja era anche nota per accogliere la metà dei soldati caduti da Midgard in un regno noto come Folkvangr, un luogo con campi dorati e pace. Il Sessrumnir, o "sala dei sedili", era il luogo in cui venivano accolti dalla dea.

Freyja aveva due figlie di nome Geresmei e Hnoss con il marito Oor. Insieme, i quattro governavano gran parte dell'agricoltura per gli umani, mentre loro stessi coltivavano i mortali.

Freyr: Dio della fertilità

Fratello gemello di Freyja e figlio di Njord, Freyr era il dio della fertilità, della ricchezza e della tranquillità. Era considerato il dio più benevolo; i marinai lo pregavano spesso per ottenere un passaggio sicuro. Era anche il dio della riproduzione maschile, come rappresentato dalla sua miriade di amanti, tra cui dee e gigantesse. Si presume che una di queste dee fosse sua sorella Freyja.

I Vichinghi sacrificavano spesso cinghiali, il suo animale preferito, per celebrare un raccolto abbondante o un matrimonio. Poiché la ricchezza si presentava sotto forma di terra e raccolti, l'abbondanza dei raccolti era sempre seguita da espressioni di gratitudine come i sacrifici al dio.

Njord: Il dio del mare e del vento

Njord era il capo degli dèi Vanir e dominava il vento e il mare. Era anche il dio della ricchezza e della fertilità, oltre che della navigazione. I suoi figli gemelli erano Freyja e Freyr, anch'essi divinità della ricchezza e della fertilità. Tuttavia, la specialità e l'amore principale di Njord era il mare e fu anche il motivo della separazione da sua moglie, la gigantessa di nome Skadi, che amava le montagne come sua casa.

A parte il mito tra lui e Skadi, Njord rimane un dio relativamente sconosciuto nelle fonti scientifiche di oggi, a causa della mancanza di testi. Tuttavia, ci sono molte prove a sostegno del fatto che Njord fosse un dio ben noto e amato, basate su manufatti e prove di culti in suo favore.

Conclusione

I miti e le leggende che ruotano intorno agli dèi sono rimasti oggetto di intrighi nel corso dei secoli. A causa delle numerose lacune, incongruenze e mancanza di prove testuali del pantheon, le divinità dei nove regni sono enigmatiche.

CAPITOLO 2: CREATURE E MOSTRI NORDICI

All'inizio di questo libro si è detto che la mitologia norrena ha ispirato il grande genere fantasy, il cui fiore all'occhiello è la trilogia *de Il Signore degli Anelli* di J. R. R. Tolkien. Ne sono un esempio le razze leggendarie della trilogia, come i nani e gli elfi. Anche se *Il Signore degli Anelli* è forse l'esempio più famoso, questo pantheon ha ispirato molti autori e le loro idee e trame fantastiche che sono ancora attuali.

Creature e mostri

Le creature e i mostri del pantheon norreno erano un insieme di razze ed esseri provenienti da diversi regni dell'universo. Non tutte le creature si opponevano agli dèi, e a volte erano considerate un aiuto all'interno dei miti.

Draugr

I draugr erano essenzialmente gli zombie dei miti norreni, un'orda di non morti che si rianimava per provocare terrore. Alcune storie indicano che erano simili ai moderni vampiri, ma i testi li descrivono più come zombie. La loro forza sovrumana si sposava con il loro odore di carne in decomposizione. Secondo i miti, i draugr si nutrivano di carne umana e potevano muoversi attraverso i muri di pietra come se fossero fantasmi. Il loro obiettivo principale era quello di custodire i loro tesori e di perseguitare coloro che avevano commesso atrocità nei confronti dei draugr quando erano ancora mortali. Il draugr poteva morire in due modi: smembrando e bruciando il corpo, oppure se il corpo stesso si decomponeva troppo.

Nani

I nani rappresentati nella mitologia norrena non erano i piccoli uomini indicati nei libri e nei film fantasy più popolari. Vivevano invece nel regno di Svartalfheim, o terra degli elfi neri. Questo regno si trovava in profondità sotto la terra. I nani erano considerati inferiori rispetto agli uomini e agli elfi. La più grande risorsa dei nani era la loro capacità di forgiare e il loro contributo più famoso era Mjolnir, il martello del potente Thor. I nani crearono anche molti altri artefatti del pantheon, tra cui una barca per Freyr.

Elfi

Gli elfi vivevano ad Alfheim, il regno del dio Freyr. Erano alti e snelli, ma in forma. Esistevano due rami di elfi: gli elfi chiari, noti come Ljoslfar, e gli elfi scuri, noti come Dokkalfar. Si presume che i nani e gli elfi scuri fossero sinonimi; vivevano sotto terra e nello stesso regno dei nani, quindi probabilmente erano la stessa cosa. Gli elfi chiari, invece, vivevano ad Alfheim con Freyr ed erano forse l'ispirazione per molti elfi immaginari. Gli elfi chiari erano considerati una delle creature più belle della mitologia, con capelli d'oro luminosi come il sole. Non interagivano molto con gli umani, a meno che non si trattasse di soccorrere malati o di causare malattie; in pratica, facevano quello che volevano. Alcuni elfi, tuttavia, si riprodussero con gli umani e crearono esseri metà elfi e metà umani con le caratteristiche di un umano e i poteri magici di un elfo.

Huginn e Muninn

Huginn e Muninn erano i due corvi di fiducia di Odino. Huginn in norreno antico significava "pensiero", mentre Muninn significava "mente". I due corvi erano gli occhi e le orecchie di Odino. Il loro compito principale era quello di volare per Midgard e raccogliere le notizie sulla razza degli uomini. Con i nomi che significano "pensiero" e "mente", è stato ampiamente ipotizzato che i corvi fossero la personificazione dell'espansione della sua mente, lanciata per tenere traccia dei suoi sudditi. Si dice anche che una delle più grandi paure di Odino fosse che i suoi amati corvi non tornassero da lui.

Fossegrim

I fossegrim erano raffigurati come spiriti dell'acqua che suonavano il violino nel modo più bello, simili alle sirene dei giorni nostri, senza la coda. Spesso i fossegrim erano rappresentati come uomini belli e poco o per nulla vestiti. Conducevano donne e bambini sul bordo dell'acqua e oltre, facendoli annegare. I fossegrim insegnavano anche a suonare il violino agli uomini che sacrificavano una capra in loro presenza. A seconda delle dimensioni della capra, la creatura avrebbe insegnato agli uomini a suonare in modo eccellente come lui, oppure avrebbe insegnato agli uomini ad accordare il violino. Più la capra era grossa e grassa, più gli uomini imparavano dallo spirito.

Kraken

Una delle creature più famigerate del pantheon norreno, il Kraken faceva spesso la sua comparsa interferendo con le navi. Si pensava che il Kraken fosse un enorme polpo, un calamaro o talvolta un granchio. Ispirato probabilmente ai calamari giganti delle profondità oceaniche, si diceva che il Kraken fosse grande come un'isola. Quando una nave ignara si avvicinava per attraccare ed esplorare l'"isola", si impadroniva della nave, trascinandola con l'equipaggio nelle profondità dell'oceano e annegandola. Si sapeva anche che la creatura era così massiccia che i suoi movimenti creavano vortici, che affondavano anche le navi. Il Kraken, dopo aver ucciso la sua preda, divorava gli uomini che soccombevano all'annegamento.

Nanne

Le Norne erano essenzialmente le Tre Parche come nelle mitologie greca e romana. Le tre Norne decidevano il destino di ogni creatura vivente; nessuno poteva sfuggire al proprio destino, nemmeno gli dei stessi. Le tre Norne erano donne anziane e cieche, custodi di Yggdrasil, noto anche come Albero della Vita. Sebbene si prendessero cura dell'albero, esso era destinato a morire con il Ragnarok. Uno dei temi principali della mitologia norrena è che alla fine tutto finisce e cessa di esistere; è la regola naturale della legge che non può essere cambiata.

Ratatoskr

Ratatoskr era un essere simile a uno scoiattolo il cui compito principale era quello di correre su e giù per l'Albero della Vita per consegnare messaggi tra i regni. Tuttavia, ciò che la creatura amava di più era diffondere pettegolezzi tra l'aquila Veorfolnir, che sedeva in cima all'Albero della Vita, e il serpente Niohoggr, la cui tana si trovava alle radici dell'albero. Si allude al fatto che Ratatoskr volesse che i due esseri combattessero l'uno contro l'altro e distruggessero l'albero.

Valchiria

La valchiria è forse una delle creature più riconoscibili di tutti i miti e le leggende norrene. Scrittori e artisti si sono ispirati alla bellezza di queste creature mitiche. Le Valchirie erano le aiutanti di Odino nelle battaglie degli uomini. Erano fanciulle di grande bellezza e nobiltà che conducevano al Valhalla le anime uccise in battaglia. Tuttavia, il loro nome in norreno antico significava "selezionatrice dei caduti". Non solo questi bellissimi spiriti femminili traghettavano i caduti verso il Valhalla, ma erano anche coloro che sceglievano chi viveva e chi moriva in battaglia.

Sebbene la maggior parte delle creature presenti in questa sezione del capitolo fossero riconoscibili, esse erano in qualche modo uniche nelle mitologie norrene, con alcune eccezioni. La sezione successiva di questo capitolo descrive i figli di Loki e le circostanze insolite del loro concepimento e della loro nascita.

I figli di Loki

I figli di Loki e le creature da lui create attraverso il mutamento di forma meritano un posto a parte in questo capitolo. Ognuno dei tre descritti di seguito è stato concepito in strane circostanze: Fenrir, Jormungand e Sleipner. Ogni mostro e ogni creatura erano unici nel loro genere e hanno infranto le aspettative sul comportamento tra dei e mortali o altre creature.

Fenrir

Fenrir è forse uno dei lupi più famosi di tutta la mitologia, che si avvicina alla lupa del mito di Romolo e Remo della fondazione di Roma. Fenrir, tuttavia, non era una lupa che si prendeva cura di sé, ma piuttosto l'epitome della distruzione e del potere dell'incubo. Era figlio di Loki e di una gigantessa di nome Angrboda.

Fenrir fece un'ultima apparizione nel Ragnarok, che verrà descritta in dettaglio in un altro capitolo.

Jormungand

Jormungand era un altro delizioso figlio di Loki e della gigantessa Angrboda. Questo mostro aveva la forma di un gigantesco serpente. Jormungand risiedeva a Midgard con un corpo abbastanza massiccio da avvolgere il mondo intero. Egli teneva il mondo al suo posto e lo costringeva a muoversi con poco spazio. In un impeto di repulsione, Odino lo gettò nell'oceano, dove crebbe fino a raggiungere le dimensioni della terra stessa.

Il mostro non era necessariamente malvagio nei confronti degli umani, ma disprezzava gli dei. La sua ostilità sfrenata nei loro confronti, in particolare nei confronti della sua nemesi Thor, si è agitata dentro di lui per migliaia di anni.

Sleipner

Ultimo dei figli di Loki, Sleipner era una razza particolare. Era il nobile destriero di Odino, scuro come la più nera delle notti e con otto zampe. Sleipner era considerato il più grande cavallo di tutti i regni.

La storia della nascita di questa creatura narra di Loki e dello stallone di un gigante di nome Svadilfari. Loki si era trasformato in una giumenta o in una femmina di cavallo ed era stato ingravidato dallo stallone. Dopo essere rimasto incinto, Loki portò in grembo Sleipner fino alla nascita della creatura.

Conclusione

I mostri e le creature della mitologia nordica esercitavano spesso un'influenza sia positiva che negativa sugli dei e sui mortali. L'idea di fenomeni ultraterreni e inspiegabili ha influenzato il modo in cui i Vichinghi esprimevano le loro paure e le loro speranze.

Nessun mito o leggenda è completo senza una storia delle origini. Per questo motivo, il prossimo capitolo tratterà la storia delle origini del pantheon degli dei norreni.

CAPITOLO 3: ORIGINI DEL PANTHEON NORRENO

Tutte le storie hanno bisogno di un inizio chiaro e i Vichinghi lo avevano capito. I Vichinghi usavano la storia delle origini degli dei per spiegare l'universo e le sue creature. All'epoca dei Vichinghi, non c'era modo di comprendere l'universo come fanno gli uomini moderni. Tenendo presente questo principio, era necessario non solo spiegare le origini degli uomini, ma anche impartire lezioni di mortalità attraverso la stessa storia.

Alcuni aspetti del mito presentano analogie con altre storie di origine europee, come quella greca di Zeus. Mentre le storie hanno dei parallelismi con altri miti antichi, altri aspetti, come le creature e i mostri, sono esclusivi della tradizione vichinga.

Il tempo prima degli dei

Prima che esistessero gli dei, gli uomini e le altre creature, nell'universo c'era il vuoto. L'intero universo era composto da tre parti principali: Niflheim, Ginnungagap e Muspelheim. I tre regni distinti di questo universo erano collegati da un unico albero. Ognuno di essi svolgeva un ruolo nell'esistenza dei nove regni.

Niflheim

Niflheim era la punta più settentrionale dell'universo, con la sua aria gelida e le sue lastre di ghiaccio solido. Era un luogo desolato e privo di vita. Non poteva sostenere la vita, nemmeno con le sue immense riserve d'acqua congelate nel ghiaccio. Un torrente chiamato Hvergelmir, tuttavia, attraversava la punta più meridionale del regno; il ghiaccio si scioglieva in dodici gelidi ruscelli. Questi corsi d'acqua alla fine si unirono per formare i fiumi di Gjol, che poi si riversarono prontamente nel regno di Ginnungagap.

Ginnungagap

Ginnungagap era il regno situato al centro. Con un nome che significa "un abisso profondo e oscuro", all'inizio non c'era modo di sostenere la vita nemmeno qui. L'abisso, tuttavia, si ridusse quando le acque del Gjol riempirono il vuoto di Ginnungagap. L'acqua mescolata alle lastre di ghiaccio scese a Muspelheim, creando l'energia e il clima necessari per sostenere la vita.

Yggdrasil

Con questo nuovo clima fiorente crebbe un albero al centro di Ginnungagap. L'albero era conosciuto come l'Albero della Vita, o Yggdrasil. Le sue radici e i suoi rami raggiungevano i nove regni e il cosmo che li circondava, collegando tutti i regni in un unico luogo centrale. Nella lingua runica dell'Antico Norreno si dice che l'albero fosse un frassino, ma gli studiosi hanno discusso sul fatto che non si conoscesse esattamente la specie dell'albero.

Muspelheim

Muspelheim era il regno più caldo del cosmo. Conosciuto anche come la terra del fuoco, Muspelheim era la causa dei fiumi che avevano iniziato a scorrere a Niflheim. Quando il ghiaccio si scioglieva, gocciolava verso la terra del fuoco, che poi scintillava e formava la nebbia. La nebbia e il vapore vorticarono intorno a Ginnungagap, dando vita al primo essere vivente.

I primi esseri

Quando le scintille fecero girare il vapore, la nebbia e le macchie di gelo intorno a Ginnungagap, iniziarono a creare una nuova forma. All'interno di questa forma si trovava il primo gigante di ghiaccio, o Jotunn, chiamato Ymir, il primo essere vivente.

Ymir

Dopo la creazione di Ymir, egli si assopì per eoni; mentre dormiva, il sudore delle sue ascelle e la carne delle sue gambe formarono altri tre Jotunn. I loro cuori erano afflitti da crudeltà e malvagità e, pertanto, furono i nemici finali degli dèi.

La mucca primordiale e gli dei

Dopo che Ymir e i suoi figli furono costruiti, si formò anche un'enorme mucca di nome Audhumla. Leccava il ghiaccio mentre allattava Ymir e la sua famiglia di giganti. Si stancò del sapore di nulla del ghiaccio e della neve. Leccando, trovò sotto di sé una roccia solida. Incuriosita, continuò a leccare il ghiaccio finché, due giorni dopo, iniziò a formarsi un'altra forma. Il volto di un altro essere era visibile.

La mattina del terzo giorno, Audhumla leccò la forma del primo essere divino in esistenza. Era attraente, di buon carattere e potente. Si chiamava Buri e, quando intravide il suo nuovo mondo e i giganti, riconobbe la loro natura malvagia.

Buri alla fine divenne padre di due bambini, un figlio chiamato Borr e una figlia chiamata Bestla. In alcune traduzioni e versioni, Bestla era considerata la figlia di Ymir, nata dal sudore delle ascelle del padre. Pertanto, tutti gli dèi avevano la presenza di giganti al loro interno mentre portavano avanti la loro stirpe.

Giganti contro dei

Borr e Bestla si sposarono ed ebbero tre figli conosciuti come Vili, Ve e Odino. Essi assistettero al dominio dei giganti sui regni con pugno di ferro e crudeltà ad ogni passo. In una rivoluzione, i tre figli di Buri e Bestla uccisero i Giganti di Ghiaccio dopo aver sopportato molti anni sotto il dominio dei crudeli giganti.

Formazione dei Nove Regni

Ymir fu il primo a cadere dallo Jotunn. Mentre giaceva morto nel mezzo del Ginnungagap, il suo corpo invase l'intero reame. Il suo sangue sgorgò dalle ferite, creando enormi fiumi torrenziali che annegarono il resto dei giganti di ghiaccio, tranne alcuni, che furono in grado di continuare la linea dei giganti, altrimenti noti come Jotnar, dal popolo norreno.

Montagne di ossa

Dopo che Ymir cadde morto al centro dell'universo, il suo corpo comprendeva l'intero cosmo. Odino e i suoi fratelli decisero di utilizzare il corpo come fondamento del nuovo mondo. A questo punto, i fratelli smantellarono il corpo del gigante un tempo temibile.

Ogni parte del corpo del gigante di ghiaccio fu utilizzata. I fratelli trascinarono le ossa e crearono montagne e valli, poiché non volevano che i nuovi mondi fossero piatti e monotoni. Il sangue del gigante fu trasformato in corpi idrici come oceani, laghi, mari, fiumi e sorgenti. I frammenti di denti e di ossa furono ridotti in polvere fine, contribuendo a creare la sabbia e le rocce della terra di Midgard.

Il cervello della creatura montuosa fu trasformato in nuvole; i suoi capelli divennero tutta la vita vegetale, come alberi, fiori ed erba, sia sulla terra che sul mare. La parte superiore del cranio del potente Ymir fu trasformata nell'arco dei cieli. La sua carne divenne la terra che ricopre il suolo del mondo.

Le formazioni finali di Midgard

Con il mondo quasi finito, i fratelli si accorsero che mancava qualcosa nel cielo. Uno dei fratelli suggerì di utilizzare le scintille dei fuochi che ardevano in basso a Muspelheim. Gli dèi liberarono milioni di scintille dalle profondità per creare un cielo screziato di notte. Ogni piccolo barlume rappresentava un dovere e aveva un nome legato ad esso mentre ruotava nel cielo ogni notte. Le divinità pensarono che sarebbe stato un modo per i mortali di orientarsi per tornare a casa dopo le loro peregrinazioni.

L'ultimo tocco erano le sopracciglia del gigante. Per evitare che i giganti entrassero nel mondo dei mortali programmati, le sopracciglia furono trasformate in una barriera protettiva per tenerli lontano.

Una volta completato, il nuovo mondo per i mortali fu chiamato Midgard, in quanto posto al centro di Ginnungagap e Yggdrasil. Il nuovo mondo si sarebbe trovato nella posizione privilegiata da cui le divinità avrebbero potuto vegliare su di loro. Jotenheim, il regno dei giganti, circondava il nuovo mondo.

I primi mortali

Gli esseri umani non erano gli abitanti originari di Midgard. Con la carne putrefatta di Ymir, i tre fratelli crearono i primi esseri del regno, i nani. A loro piaceva vivere nei profondi sotterranei della terra e creare oggetti. Gli dèi, resisi conto del loro errore, trasferirono i nani nella loro dimora definitiva, Svartalfheim.

Con la seconda e ultima prova, gli dei intrecciarono due figure da due alberi, che crearono il primo uomo e la prima donna, Ask ed Embla. Ask fu ricavato da un frassino, e per questo gli fu dato il suo nome, mentre Embla fu ricavata da un olmo. Gli dei diedero vita ai mortali e conferirono loro i doni della saggezza, della parola, della vista, del suono e dell'intelligenza.

Vili e Ve erano assenti dopo il mito della creazione; per quanto riguarda la loro posizione e ciò che è accaduto dopo la creazione dei nove regni, queste storie si sono perse nel tempo.

I Nove Regni

Gli dei costruirono i Nove Regni presumibilmente nello stesso periodo in cui costruirono Midgard. Con tutto il caos e la distruzione, era necessario ricostruire una nuova casa in cui abitare fino alla fine del loro regno, o Ragnarok. Mentre costruivano gli strati del cosmo, decisero di collocare il loro regno in cima. In questo modo le loro creazioni sarebbero state protette dai giganti del gelo. La loro soluzione fu quella di creare un ponte arcobaleno, o Bifrost, come principale portale di trasporto verso altri regni, se necessario.

I regni comprendevano Asgard, Alfheim, Hel, Jotunheim, Midgard, Muspelheim, Svartalfheim, Nifelheim e Vanaheim.

Asgard

Asgard era conosciuta come il regno e la casa degli dèi Aesir e, pertanto, è considerata un paesaggio pacifico rispetto al mondo mortale. Era raffigurata come una città divina con alte torri fatte dell'argento e dell'oro più immacolati e un muro per tenere lontani i visitatori indesiderati. Il Bifrost era collegato a Midgard e agli altri regni per garantire agli dei un passaggio sicuro per eseguire i loro ordini.

Odino divenne il principale supervisore ed era conosciuto come il "Padrino" sia per gli dei che per i mortali. La grande sala conosciuta come Valhalla era il luogo in cui Odino stesso salutava i mortali che morivano onorevolmente in battaglia.

Alfheim

Alfheim si trovava nei cieli, non troppo lontano da Asgard. Era la patria degli elfi della luce e del dio vasir Freyr, che vi regnava. La magia dilagava ad Alfheim, che era composta da esseri mistici e vegetazione. Gli elfi chiari erano responsabili di aver dato ai mortali la creatività per creare arte, musica e altre forme di espressione personale.

Hel

Conosciuto anche come Helheim, Hel era un tetro paesaggio infernale situato sotto le radici dell'Yggdrasil. In origine era costruito con mura e un solo cancello per entrare e uscire. Esisteva un'unica via lastricata per Hel, chiamata Helveg, che si snodava lungo le radici dell'albero fino all'ingresso del cancello. Hel era governata dalla dea Hel, figlia di Loki e sorella di Fenrir, il serpente di Midgard.

Alla fine, Hel si popolò delle anime dei defunti che passavano a causa della vecchiaia o delle malattie. Si credeva che, come nelle mitologie greca e romana, ci fossero diversi livelli dell'oltretomba, compreso il Valhalla; tuttavia, non è certo come le anime vivessero il resto dell'eternità o quanti livelli ci fossero.

Jotunheim

Jotunheim, altrimenti noto come Utgard, era il regno che circondava Midgard e ospitava i Giganti di Ghiaccio. Era considerato il luogo di nascita della magia e della natura selvaggia nella sua forma più caotica. È anche il luogo in cui ha avuto origine il dio dell'inganno Loki. Jotunheim era collegato ad Asgard da un fiume chiamato Iving, un fiume insidioso da attraversare, con rapide che si gonfiavano e blocchi di ghiaccio ghiacciati.

Midgard

Midgard era il regno degli umani. Dopo la creazione di questo regno da parte di Odino e dei suoi fratelli, essi posero enormi barriere intorno alla terra per proteggere gli indifesi mortali dai Giganti di Ghiaccio e da altri esseri maligni. Gli dei crearono anche tutti gli animali e le creature del regno.

Muspelheim

Muspelheim è stato un elemento essenziale per la creazione dell'universo e di tutte le creature al suo interno. Muspelheim ospitava le creature note come Muspells o Giganti di Fuoco. Il loro capo o padre, non si sa quale, Surtr, governava il regno. Si credeva che Surtr, insieme agli altri Muspell, avesse un'unica ragione di esistere, dato che erano stati presentati una sola volta nei testi antichi. Il loro ruolo era quello di risorgere dalle profondità di Muspelheim una volta iniziato il Ragnarok.

Svartalfheim

I nani, conosciuti anche come elfi scuri, governavano il regno di Svartalfheim, altrimenti chiamato Nidavellir. Il regno si trovava nelle profondità della terra; le uniche luci erano torce poco illuminate e le fucine dei nani. I nani prosperavano in questo ambiente. Senza le distrazioni che si possono trovare in altri regni, era facile per i nani concentrarsi e affinare la loro abilità artigianale. Crearono molte armi degli dei, come il Mjolnir, e costruirono persino barche per il dio Freyr. Grazie a un'abilità artigianale superiore e alla capacità di intrecciare la magia nel loro lavoro, i nani erano di gran lunga i costruttori di armi più all'avanguardia di tutti i nove regni.

Nifelheim

Sia Nifelheim che Muspelheim erano tra i regni più antichi dell'universo. Sebbene entrambi i regni fossero direttamente responsabili della creazione di tutta la vita, Nifelheim era l'unico regno senza abitanti. Era una landa ghiacciata e gelata, con la nebbia che vorticava intorno alla sua sommità. All'inizio si credeva che i morti camminassero a Nifelheim. Tuttavia, dopo che Odino gettò la dea Hel nel suo stesso regno, le anime dei morti vagarono invece nelle profondità di Hel. Da quel momento, Nifelheim rimase silenzioso e immobile.

Vanaheim

L'ultimo dei nove regni si chiamava Vanaheim e ospitava gli dei Vanir. Si presumeva che il regno stesso fosse pieno di magia e di luce e che ospitasse varie piante e animali mistici. Le divinità Vanir erano specializzate nella fertilità e nell'agricoltura. La magia e i doni degli dei si traducevano in giardini e raccolti rigogliosi e belli. Con raccolti abbondanti, sole, pioggia e venti poco potenti, Vanaheim era il paradiso dei regni diversi da Asgard. Gli oceani e i mari all'interno del regno presentavano spesso condizioni meteorologiche favorevoli per coloro che amavano viaggiare sui mari e pescare nelle profondità. Era uno dei regni più piacevoli e rilassanti dell'universo.

È opinione diffusa che il lassismo del regno abbia causato un grave problema con gli dèi di Asgard, dando luogo alla guerra Aesir-Vanir. La storia e le conseguenze della guerra saranno discusse nel prossimo capitolo.

Conclusione

Prima che gli esseri umani comprendessero l'universo e le profondità della sua espansione, la mitologia norrena spiegava come il cosmo fosse esploso. La loro comprensione dell'universo, o la sua mancanza, era estremamente limitata. Com'è nella natura umana, ci si chiedeva come fosse nato il mondo e si rispondeva alle domande. Come in altre mitologie greche e romane, fu il re di tutte le divinità a costruire il mondo e a creare gli esseri umani mortali e viventi.

Nella mitologia norrena, il re delle divinità Odino e i suoi due fratelli crearono i regni dalle ossa del loro più grande nemico caduto: un paesaggio letterale per la rinascita di una nuova era. I nove regni del mondo coesistevano l'uno con l'altro; spesso gli dei visitavano la casa della loro creazione più recente e più amata, gli umani. Midgard era posta al centro dei regni, a indicare l'importanza dei mortali.

Anche se i regni coesistevano, non era sempre armonioso. I Giganti di Ghiaccio e altri esseri sinistri minacciavano costantemente sia gli dei che i mortali. Molte volte, però, le minacce provenivano dalle stesse divinità.

CAPITOLO 4: LA GUERRA AESIR-VANIR

La guerra Aesir-Vanir ebbe luogo dopo la creazione dei nove regni. Secondo i testi, fu la prima guerra dalla nascita dei reami. Gli Aesir, che vivevano ad Asgard, e i Vanir, che vivevano a Vanaheim, intrapresero una lunga, sanguinosa e intensa guerra tra loro. Questa lotta tra gli dèi si fece sentire in tutto il reame, causando rivolte e paura tra la gente.

Le ragioni della guerra

Sebbene non sia del tutto chiara la causa della guerra, i suoi effetti durarono fino al Ragnarok. Gli dei e le dee di entrambe le parti furono costretti a lasciare le loro case per trasferirsi nel regno opposto come segno di pace. Alcuni studiosi ritengono che la guerra sia stata causata dalle differenze di valori, dalla crescente popolarità delle divinità Vanir tra gli umani e dagli incesti diffusi in tutto il Vanaheim. Una storia, tuttavia, rimane la teoria più popolare sull'istigazione.

Gelosia intensa

Dopo la creazione dei mortali, sia gli dèi Aesir che i Vanir chiesero fedeltà e sacrifici da compiere in loro nome. All'inizio gli Aesir erano i più rispettati tra le due razze di dei. Avevano più potere sugli esseri umani e, quindi, avevano maggiori pretese nei confronti dei mortali.

Col tempo, si ritiene che la prospettiva degli umani sia cambiata. Sebbene gli dèi Aesir continuassero a ricevere più sacrifici, cominciarono a notare la popolarità delle divinità Vanir rispetto a loro stessi. Le divinità di Vanaheim volevano una parte equa della gloria e del rispetto degli umani.

Questa gelosia avrebbe potuto sfuggire di mano agli dei. Gli dèi Vanir rappresentavano la fertilità dell'agricoltura e della riproduzione. Le due esigenze dirette del cibo e della riproduzione erano la specialità dei Vanir, e per questo motivo godevano di maggior rispetto e amore da parte dei mortali che li adoravano.

Relazioni incestuose

Sebbene l'intensa gelosia possa aver contribuito, non fu l'unica ragione della guerra. Le divinità Vanir erano note per le loro relazioni incestuose. Njord e sua sorella, che rimase senza nome, erano il presunto padre e la madre dei gemelli Freyja e Freyr. Si credeva anche che i due gemelli avessero avuto più amanti, tra cui l'uno e l'altro.

Gli dei Aesir non erano d'accordo con questo stile di vita e quindi si disgustarono al pensiero dell'incesto a Vanaheim. Il sommarsi di incesto, gelosia e introduzione della magia sciamanica ad Asgard fu sufficiente a spingere gli dèi a entrare in guerra tra loro.

La magia di Gullveig

La magia che Gullveig possedeva era la più oscura conosciuta nei reami, chiamata seidr. Era considerata una magia sciamanica e spesso portava alla distruzione. La magia influenzava i destini dei mortali e degli dei e spesso si concludeva con la morte di qualcuno.

Gullveig

Secondo alcune traduzioni e credenze, Gullveig era la dea Freyja che entrò ad Asgard. La bellissima dea insegnò la sua magia alle molte divinità che erano interessate alla sua magia e alla sua capacità di piegare il destino.

Dopo un po', la magia è stata abusata. I valori delle divinità erano in pericolo. L'egocentrismo interferì con i valori di verità, onore, giustizia e lealtà. Dopo essersi resi conto di aver messo da parte i loro valori fondamentali per perseguire desideri egoistici, ritennero Gullveig responsabile al posto loro.

Gullveig ucciso tre volte

In risposta all'introduzione di questa magia oscura, gli dei Aesir torturarono e uccisero la dea per tre volte. La trafissero ripetutamente con le lance fino alla prima morte e bruciarono il suo corpo due volte. Ogni volta che veniva uccisa, il suo corpo emergeva dalle ceneri della sua vita precedente. Il potere che la dea possedeva incuteva odio e paura nei cuori degli dèi Aesir, rivaleggiando con il potere di Odino stesso.

Le divinità Aesir credevano che Gullveig fosse una maestra del sabotaggio o una spia dei Vanir. Insieme al suo potere di resurrezione ogni volta che veniva uccisa, la paura si trasformò in odio per lei e per le altre divinità Vanir.

Dall'altra parte dello spettro, i Vanir si infuriarono al pensiero che gli dei Aesir avessero deliberatamente tentato di uccidere uno dei loro. In preda all'indignazione, si prepararono alla guerra. La giusta giustizia e la vendetta che sentivano li spinsero a chiedere a gran voce la guerra alle porte di Asgard.

La prima guerra tra gli dei

La prima scena della guerra ha visto Odino come difensore del regno. L'inizio della guerra fu causato dalla lancia che Odino scagliò contro l'esercito dei Vanir, uccidendo uno degli dei. Infuriata, la scintilla della battaglia divampò in una guerra infuocata.

Per un lungo periodo di tempo, entrambe le parti si impegnarono in una guerra per il dominio. La guerra fu intensa e sanguinosa. Gli Aesir, noti per la loro forza bruta, usavano armi e combattimenti corpo a corpo nelle battaglie contro i loro nemici. I Vanir lanciavano incantesimi e li usavano a loro vantaggio.

Vincitori torbidi

Mentre la guerra continuava a svolgersi, era chiaro che nessuna delle due parti avrebbe potuto rovesciare l'altra. Le divinità di entrambi gli schieramenti erano pari. Nessuna forza era migliore dell'altra. Le maree della guerra cambiavano costantemente direzione per favorire entrambe le tribù di divinità, portando a una situazione di stallo.

Dopo un lungo periodo, entrambe le parti si stancarono della lotta tra loro. Era chiaro che non c'era un vincitore, ma solo un bagno di sangue tra le due tribù di divinità.

Una tregua e una trattativa con gli ostaggi

Nella cultura vichinga, era consuetudine che due villaggi o popoli in guerra concludessero una guerra con una tregua e una negoziazione di ostaggi. Era considerato un rituale di buona fede per far sì che i villaggi continuassero a vivere in pace.

La tregua

Dopo che entrambe le parti accettarono di porre fine alla guerra, ci furono molte trattative tra gli dei Vanir e Aesir. Le parti litigarono sul motivo dell'inizio della guerra. Secondo le divinità Vanir, la colpa era degli Aesir e quindi avrebbero dovuto pagare la punizione condividendo il numero di sacrifici e favori.

Alla fine, entrambe le parti decisero di vivere in pace da pari a pari. La discussione fu un lungo colloquio tra gli dei per decidere la migliore linea d'azione. Oltre alla tregua, si sarebbe dovuto procedere a uno scambio di ostaggi tra le tribù rivali.

Lo scambio di ostaggi

Dopo che le tribù si impegnarono a rispettare la tregua, il passo successivo fu quello di organizzare gli ostaggi. Tra le divinità Aesir c'erano due fratelli di Odino: Hoenir, un dio del silenzio dalle gambe veloci ma dalla lingua lenta, e Mimir, un dio della saggezza. I Vanir generarono i gemelli Freyr e Freyja insieme al padre Njord, il sovrano dei Vanir.

I cinque dei partirono per le loro nuove case. I tre precedenti dèi Vanir si ambientarono facilmente nelle loro nuove case. Freyr e Njord si occuparono dei sacrifici degli umani, mentre Freyja insegnò agli dei Aesir la magia usata a Vanaheim. Sfortunatamente, i precedenti dèi Aesir non se la cavarono altrettanto bene nell'adattamento.

Una decapitazione, poi un calderone

All'inizio Hoenir e Mimir si adattarono bene. I Vanir, notando la forza e la bellezza del dio Hoenir, lo nominarono nuovo sovrano. In un primo momento, l'adattamento si adattò bene sia a Vanaheim che agli dei; Hoenir sembrava aver afferrato il concetto di governare con Mimir al suo fianco.

Siamo stati imbrogliati!

Tuttavia, la presenza di Mimir e l'incapacità di Hoenir di prendere decisioni senza l'aiuto di Mimir erano deleteri per l'accordo. La forza e l'avvenenza non erano sufficienti per fare di un dio lento un leader. Hoenir era anche un ambasciatore inadeguato. Parlava senza avere un'idea e credeva di lasciare che fossero gli altri a decidere la soluzione, invece di assumersi la responsabilità.

I Vanir ritenevano di essere stati imbrogliati nei beni. Non solo Hoenir era un impostore, ma sospettavano anche che Mimir non possedesse la saggezza che era stata trasmessa in origine. Per vendicarsi degli dei Aesir, decapitarono Mimir e inviarono la testa a Odino come sfida e minaccia.

Odino mantenne la sua compostezza. La decapitazione del fratello lo aveva sconvolto. Per evitare un'altra guerra, Odino incantò incantesimi e poesie sulla testa mozzata e la avvolse in erbe. Poi mise la parte conservata del fratello in una sorgente alla base dell'albero Yggdrasil, nota come Pozzo di Mimir. Odino visitò spesso la fonte in cerca di saggezza, soprattutto nei momenti di grande bisogno.

Sputare nel calderone, per favore

Esausti dal dramma e dai continui combattimenti tra Aesir e Vanir, gli dei si
riunirono per rettificare un'altra tregua. Si decise che si trattava di un enorme
malinteso e che i combattimenti dovevano finire. Entrambe le parti erano d'accordo su questo sentimento. Invece di optare per la violenza, uno degli dei prese
un calderone e ordinò a ogni dio di Asgard e Vanaheim di sputarci dentro.

Quando la saliva di tutti gli dei si mescolò, formò l'essere più saggio del cosmo,
noto come Kvasir. Una volta entrato nel mondo, divenne un viaggiatore tra i regni
e distribuì saggezza a tutti coloro che incontrava. Tuttavia, l'esistenza di Kvasir fu
la vera fine della guerra Aesir-Vanir e l'inizio della convivenza pacifica tra gli dei.

Conclusione

La guerra Aesir-Vanir è stata la prima guerra combattuta dopo la nascita dei
nove regni. Fu una guerra lunga, sanguinosa e intensa che si concluse con la
decapitazione di un dio della saggezza e la nascita di un nuovo dio.

Molti studiosi ritengono che la guerra fosse una rappresentazione di entrambi i
popoli, scandinavo e germanico. Il pantheon scandinavo comprendeva principal-
mente le divinità Aesir, mentre il pantheon dei popoli germanici era costruito con
le divinità Vanir. La guerra era una metafora per i due popoli che finalmente si
riunivano in pace dopo molti anni di guerra in battaglie ad armi pari.

CAPITOLO 5: I SACRIFICI DI ODINO

Il sacrificio comune per ottenere conoscenza e saggezza è il tempo e, nelle società moderne, il denaro. Per essere considerati maestri di una competenza, in genere è necessario investire 10.000 ore nell'apprendimento e nell'approfondimento di ciò che si conosce già. Anche il denaro, soprattutto per conseguire lauree e certificazioni, è necessario nella società di oggi.

Ma che dire del sacrificio di una parte del corpo, ad esempio un occhio? E se ci si sottoponesse alla morte per perseguire la conoscenza che si cercava?

Odino e la sua ricerca della conoscenza

Come sovrano di Asgard e supervisore dei nove regni, era fondamentale che Odino acquisisse conoscenza in ogni circostanza. Desiderava l'infinita saggezza e la verità dei reami. Odino era costantemente alla ricerca di questa saggezza. Voleva apprendere le complessità della magia, della profezia e del funzionamento interno dell'universo.

Odino voleva imparare e capire tutto. Il prezzo per tale conoscenza, tuttavia, è stato spesso pagato pesantemente.

Odino e l'occhio sacrificale

Odino, rispetto agli altri dei, era superiore in saggezza e intelletto. Dopotutto, era stato uno dei primi dèi a vagare e a sconfiggere i Giganti di Ghiaccio originali prima della nascita dei Nove Regni. I poteri di Odino, tuttavia, erano limitati in base alle sue conoscenze. Per espandere il suo intelletto, decise di perseguire la conoscenza di suo fratello decapitato Mimir.

Odino, il Dio con un occhio solo

Mimir fu collocato in una sorgente fresca e zampillante sotto le radici dell'albero Yggdrasil, dove le acque brulicavano di segreti e verità dell'universo. Mimir beveva dalla sorgente ogni giorno e per questo era dotato di tutta la saggezza che una divinità può possedere. Spesso Odino si rivolgeva al fratello in momenti di grande bisogno della saggezza che Mimir aveva da offrire; altre volte, invece, lo costringeva a condividere la conoscenza con lui. Mimir era superiore a Odino in quanto a saggezza; nella sua mente, Odino doveva superare il livello di intelletto del fratello.

Mimir sapeva quanto Odino desiderasse avere l'infinita saggezza dell'universo. Mimir avvertì Odino che una tale richiesta avrebbe avuto un prezzo molto alto da pagare. Per concedere a Odino l'accesso a una bevanda di quel liquido limpido e frizzante, Odino doveva rinunciare a qualcosa in cambio.

Odino pensò per un attimo a qualcosa di degno della sua profondità di conoscenza. Con un movimento fluido, si cavò un occhio e lo gettò nella sorgente. Con il sacrificio ricevuto, Odino poté bere dal Mimisbrunnr, altrimenti noto come Pozzo della Conoscenza. Da quel momento in poi, fu considerato il più potente mentalmente e intellettualmente di tutti gli dei. Nessuno avrebbe mai potuto superarlo.

Confusione su quale occhio

Sebbene i testi non dicano a quale occhio rinunciò, era abbastanza chiaro che per procedere a diventare il più saggio di tutti gli dei, era necessario un intenso sacrificio. Nel corso dei millenni, gli artisti hanno sviluppato prospettive uniche su quale lato il dio avesse tolto l'occhio. In alcune illustrazioni è stato raffigurato senza l'occhio sinistro, in altre con il destro.

Odino e l'impiccagione all'albero di Yggdrasil

Uno degli altri miti che ruotano attorno a Odino e ai suoi sacrifici è quello della sua impiccagione all'albero Yggdrasil alla ricerca della conoscenza. Il mito illustra il suo bisogno intrinseco di perseguire una maggiore conoscenza e ciò che avrebbe fatto per ottenerla. In precedenza, aveva ceduto il suo occhio per ottenere l'illuminazione. Cos'altro sarebbe disposto a dare?

Le Norne

Dopo che la dea Freyja introdusse la magia nel regno di Asgard, Odino notò che era in grado di leggere le rune per cambiare il destino di una persona. Incuriosito, andò a cercare le Norne, che dettavano anch'esse il destino di dèi e mortali. Osservando la loro magia sotto l'albero Yggdrasil, scoprì che anche loro usavano le rune per consegnare ai mortali i destini finali.

In preda alla gelosia e alla fame di conoscenza, chiese alle Norne cosa fosse necessario per ottenere la loro stessa conoscenza; esse risposero che doveva rimanere appeso a testa in giù sull'Yggdrasil per un certo numero di giorni e notti senza aiuto.

Il Dio sale

Odino accettò la sfida. Si appese a testa in giù all'albero Yggdrasil per nove giorni e nove notti: uno per ogni regno. Con un tocco di drammaticità e per dimostrare il suo impegno nell'acquisire la conoscenza delle rune, si trafisse con la sua lancia.

Gli dei Aesir dovevano astenersi dall'aiutarlo. Durante quei nove giorni e quelle nove notti, egli morì di fame. Si rifiutò di mangiare o bere qualsiasi cosa. Alla fine, il suo corpo si spense e morì mentre era appeso all'albero. Il sangue secco si raccolse intorno a lui, mentre il suo corpo si raggrinziva da dio forte e potente a dio vuoto e smunto.

Dopo la sua morte nella nona notte, è risorto, rinnovato e con la conoscenza delle rune magiche. Ora era il singolo essere più potente del cosmo. Con questa nuova conoscenza, imparò nove canti magici e 18 incantesimi estremamente potenti. Non solo poteva guarire le ferite fisiche ed emotive, ma anche le armi dei suoi nemici erano ormai inutilizzabili, poiché aveva imparato a costringere i loro movimenti.

Conclusione

I miti dei sacrifici di Odino ruotano attorno a un tema centrale per ricordare al destinatario della storia che ci sono sacrifici necessari per perseguire la conoscenza. La devozione alla conoscenza spesso implicava la volontà di rinunciare a una parte di sé per imparare di più e quindi diventare più potente. La storia risuona ancora oggi. Anche se i sacrifici necessari per imparare le cose non devono essere estremi come quelli di Odino, ci ricorda che tutto ciò che vale la pena di conoscere richiede una sorta di sacrificio.

CAPITOLO 6: SIF E I CAPELLI D'ORO

La storia di Sif, moglie di Thor, è una delle poche leggende che riguardano la dea del raccolto. I suoi lunghi capelli dorati erano la sua caratteristica più apprezzata. Loki, il dio dell'inganno, aveva un piano diabolico nella manica per fare uno scherzo alla bella ma vanitosa dea. La storia parla di disperazione, di una minaccia e di una promessa mantenuta.

Sif e i suoi capelli

La dea del raccolto, Sif, aveva i capelli d'oro più belli di tutti i regni. In grado di competere con la bellezza di Freyja, Sif era la moglie di Thor. Lo amò profondamente e gli diede anche dei figli. Sif era l'orgoglio e la gioia del dio del tuono, soprattutto con i suoi lunghi e lussureggianti capelli d'oro.

Sif era una dea importante per i Vichinghi. I suoi capelli rappresentavano i campi di grano dorati, ma era anche associata alla passione, al sole, alla fertilità e all'agricoltura.

Loki e il suo scherzo

Loki, il dio dell'inganno, voleva fare uno scherzo a Thor e alla sua famiglia.

Mentre Sif dormiva, le tagliò le bellissime ciocche dorate. Rimase solo la barba. Soddisfatto del suo lavoro, sparì nella notte. Tuttavia, al risveglio, Sif notò subito che la sua testa era insolitamente leggera. Si passò le dita tra le stoppie, rendendosi conto di non avere più capelli. Suo marito si svegliò singhiozzando. Immediatamente, andò a cercare Loki, che sapeva essere il responsabile di quell'orribile scherzo.

Loki sapeva che Thor sarebbe venuto a cercarlo. Si trasformò in varie forme per ingannare il dio, ma alla fine Thor lo catturò. Minacciò Loki: se il dio non avesse rimediato al suo errore, Thor avrebbe schiacciato ogni osso del suo corpo. Loki sapeva che il dio non faceva queste minacce alla leggera e quindi partì alla ricerca di una parrucca per la mortificata Sif.

Loki e i fratelli nani

Loki si avventurò nel regno dei nani noto come Svartalfheim. I nani in genere non interferivano con gli dei a meno che non ci fosse un lavoro da fare; in questo caso, Loki promise il favore degli dei Aesir e di se stesso. Entrò nella grotta di Ivaldi, dove vivevano due fratelli nani di nome Brokk ed Eitri.

Brokk e Eitri

Loki incanta i fratelli lodando le loro abilità superiori rispetto al resto dei nani. Quando Loki chiese loro di fare a Sif una parrucca d'oro fusa con la magia, i fratelli iniziarono il loro lavoro. Il dio trascurò di dire loro il motivo della parrucca. Tuttavia, Loki offrì loro l'eterna gratitudine di Sif e Thor, oltre a un favore da parte sua e degli altri dei.

Mentre i fratelli lavoravano, Eitri lo prese da parte e lo elogiò a bassa voce per la sua abilità di fabbro superiore a quella del fratello. Soddisfatto in privato, accettò di lavorare a un altro progetto per Loki. Tuttavia, Brokk li sentì parlare e iniziò segretamente un altro progetto in competizione con il fratello.

La parrucca d'oro

La parrucca era finita. L'oro puro della parrucca aveva ciocche sottili che si avvicinavano alla forma dei capelli. Le ciocche erano state incorporate con la magia, in modo che la parrucca rigenerasse rapidamente i capelli originali della dea. Entrambi i nani furono soddisfatti del progetto e lo stesso Loki espresse la sua gratitudine.

Gungnir

Eitri presentò per primo il suo progetto. Si trattava di una lancia finemente lavorata e perfettamente bilanciata. Non solo era realizzata in modo superbo, ma era anche dotata del potere magico di non mancare mai il bersaglio. Loki sapeva che questo avrebbe fatto piacere a Odino, perché temeva l'ira dell'Onnipotente. Accettò gentilmente il dono di Eitri e attese il progetto di Brokk.

Skidbladnir

Brokk presentò al dio un'enorme nave, chiamata Skidbladnir. La nave poteva contenere tutti gli dei di Asgard, a giudicare dalle sue immense dimensioni, ma c'era anche della magia in gioco. Skidbladnir aveva anche venti favorevoli nelle sue vele ed era facilmente ripiegabile fino a poter entrare in una tasca. Loki fu impressionato dalla maestria con cui Brokk l'aveva realizzata. Il dio sapeva che sarebbe stato un regalo stupendo per Freyr, che lo avrebbe apprezzato molto.

Il ritorno di Loki

Loki lasciò il regno dei nani e si diresse verso Asgard. Al suo ritorno, Thor chiese se il viaggio fosse andato bene. Loki si mostrò orgoglioso e presentò la parrucca a Sif. La sua luminosa presenza dorata illuminò il volto della dea, che si innamorò immediatamente del rimedio al suo problema.

Si mise la parrucca in testa e ben presto i suoi capelli originali cominciarono a ricrescere fino al loro antico splendore. Quando vide la chioma che sgorgava dalla testa di sua moglie, esclamò che i suoi capelli dorati erano più belli che mai. Con questa convalida, Sif non era più turbata. Sembrava che per il momento tutto fosse perdonato; Thor e Sif lasciarono Loki per presentare gli altri due doni a Odino e Freyr, che li apprezzarono entrambi.

Conclusione

I Vichinghi usavano questo mito per spiegare perché il grano veniva tosato quando era pronto per il raccolto. La storia era un altro promemoria per i popoli nordici per rimanere fiduciosi dopo le prove e le tribolazioni. Dopo tutto, il bello della vita è che, anche se alcune sorprese possono essere sgradite, possono essere trasformate in qualcosa di più prezioso.

CAPITOLO 7: IDUN E LE MELE D'ORO

Idun, la dea della bellezza, custodiva la chiave dell'immortalità nel suo giardino ricco di vari frutti e fiori. Il prodotto più prezioso del suo giardino, tuttavia, erano le mele d'oro. Le mele d'oro erano il nutrimento degli dei. Similmente alla mitologia greca dell'ambrosia, che era il nutrimento del loro pantheon, le mele erano fresche e contenevano la magia dell'immortalità.

Idun era la moglie di Bragi, il dio della poesia, e la figlia del fabbro nano noto come Ivald. Dopo aver sposato Bragi, salì al regno di Asgard e con lei il forziere delle mele d'oro che portava con sé. Il suo scrigno rimase sempre pieno, anche dopo che gli dei lo avevano quasi svuotato ogni giorno.

Il pericolo del potere

Poiché possedeva il frutto, era spesso il bersaglio di nani e giganti che volevano diventare immortali. Sorvegliava attentamente il suo premio; un piccolo errore si sarebbe rivelato dannoso per lei e per gli dei.

Fidarsi del Dio dell'inganno

Loki, Odino e Hoenir erano impegnati in un'altra missione quando, mentre stavano per tornare a casa, si fermarono e uccisero un bue. Procedettero a cucinarlo, ma la carne si rifiutò di cuocere. Un'aquila chiamò dai rami della cima di un albero vicino, implorando gli dei di darle da mangiare o non avrebbe permesso alla carne di cuocere. Gli dèi acconsentirono con riluttanza e l'aquila scelse i tagli di carne migliori e volò via.

In un impeto di rabbia, Loki si trasformò in un falco e inseguì l'aquila. Purtroppo, l'aquila era il gigante Thjazi. Il gigante tenne Loki nelle sue grinfie, rifiutandosi di liberarlo. Minacciò Loki che sarebbe tornato a rapirlo se non gli avesse portato direttamente le mele di Idun. Loki accettò e fu liberato da Thjazi.

Dopo il ritorno dei tre dei dalla loro missione, Loki si mise subito alla ricerca di Idun e del suo scrigno di mele. Le mentì e le disse che, nei suoi viaggi, aveva trovato delle mele altrettanto magnifiche di quelle che lei possedeva. Lei avrebbe dovuto portargliele e confrontare i due tipi di frutta. Convinta dalla lingua d'argento del dio, lo seguì finché non raggiunsero le mura oltre Asgard e si addentrarono in una zona boscosa.

Il rapimento di Idun e le mele d'oro

Dopo aver raggiunto il limite della foresta, ai piedi di una catena montuosa, Thjazi afferrò la dea e le sue mele. La portò nel cuore di Jotunheim, il regno dei giganti, e nella sua casa. La casa del gigante era situata sulla cima della montagna più alta. Il vento ululava mentre il ghiaccio decorava l'interno della dimora. Il gigante aveva la dea nelle sue grinfie.

Dopo che Idun lasciò Asgard, gli dei cominciarono a sentire la loro età. Sul loro volto comparvero le rughe e cominciarono a sentirsi fisicamente deboli. I loro capelli si ingrigirono. Gli dei di Asgard la cercarono, ma non riuscirono a trovarla. Uno degli dei riferì di aver visto l'ultima volta la dea con Loki. Una volta catturato,

Loki confessò l'accaduto ai suoi simili. Gli fu affidata una missione: se non avesse recuperato la dea e le sue mele, sarebbe stato ucciso come punizione per i suoi crimini.

Il recupero dell'amata Dea e delle mele

Loki si affrettò a salvare la dea dal gigante. Si trasformò ancora una volta in un falco e volò attraverso la barriera di Asgard fino a Jotunheim. Una volta varcata la soglia di Jotunheim, il dio perlustrò le cime delle montagne e scoprì che la dea era sola nel palazzo del gigante, che era andato a pescare nell'oceano. Loki la trasformò rapidamente in una noce e la portò con sé, insieme alle mele d'oro, nei suoi artigli.

Una volta tornato dalla sua battuta di pesca, il gigante si accorse che la dea era sparita. Vide un falco in lontananza e capì esattamente cosa era successo. Tornò quindi allo stato di aquila e inseguì il falco. Il gigante colmò facilmente la distanza tra sé e Loki, le cui ali sbattevano furiosamente.

C'erano fumo e fuoco!

Gli dei Aesir attesero il ritorno di Loki. In lontananza, videro il dio dell'inganno seguito da un'enorme aquila. Elaborarono un piano per fortificare l'ingresso di Asgard con il fuoco non appena Loki avesse attraversato il confine. Accendendo il confine, si preparano ad accenderlo.

Il gigante Thjazi era pericolosamente vicino a Loki. Un solo colpo dei possenti artigli dell'aquila e la missione sarebbe fallita. Loki sfrecciò oltre il confine e gli dèi diedero subito un colpo di piccone per creare un muro infuocato sul confine.

Thjazi si muoveva troppo velocemente per fermarsi prima di colpire le fiamme. Non riuscì a fermarsi o a trasformarsi nella sua forma gigante; invece, volò dritto verso il confine in fiamme e morì bruciato. Idun e le sue mele tornarono al loro posto ad Asgard.

Conclusione

La lezione che si può trarre dal mito è che bisogna diffidare di coloro che hanno la lingua d'argento: non sempre hanno le migliori intenzioni. Loki era noto per i suoi inganni, e fu questo che portò al rapimento di Idun. La sua fiducia cieca nel dio dell'inganno e la mancanza di fiducia in se stessa e nel suo dono si sono rivelate problematiche per lei. Se Loki non fosse stato costretto a salvarla dagli Asgardiani, il suo destino sarebbe stato diverso. Il mito era un ammonimento. Il mito è stato utilizzato anche per illustrare l'importanza di Idun come dea.

CAPITOLO 8: IL MITO DI FENRIR E TYR

Ci sono molti miti che circondano i figli di Loki: la dea Hel, che era figlia del dio; Jormungand, uno dei suoi figli che girava il mondo in eterna rivalità con Thor; e Fenrir, il figlio maggiore del dio.

Fenrir, come già detto, era un lupo enorme destinato alla distruzione. Ha avuto un ruolo importante durante il Ragnarok, di cui si parlerà nel prossimo capitolo.

Fenrir da giovane cucciolo

Il destino di Fenrir era noto solo agli dei. Poiché sapevano di quale distruzione e caos fosse capace, si ritenne che Fenrir dovesse rimanere ad Asgard con gli dei per tenere d'occhio la giovane bestia. Non si sa molto della creatura dopo la sua nascita; è del tutto possibile che, poiché gli dèi erano a conoscenza del suo destino, sia stata sottoposta a maltrattamenti e ad altre angherie.

Le catene che mi legano

L'unico dio che si avvicinò al lupo fu Tyr, il dio della guerra. Tyr, nonostante fosse il dio della guerra, era sorprendentemente calmo, raccolto, ma soprattutto giusto. Il dio nutrì e allevò il lupo, che crebbe molto rapidamente.

Gli dei, notando le nuove dimensioni e la forza del lupo ogni giorno che passava, decretarono che il lupo fosse incatenato a un albero. La loro paura prevalse su qualsiasi ragione: la paura del lupo e la profezia della distruzione causata dal lupo erano più forti di qualsiasi altra cosa. Odino ascoltò le loro richieste e rassicurò gli dei che Fenrir sarebbe stato legato.

Fool Me Once

Il primo tentativo di legare il lupo a un albero non ebbe successo. Gli dei ingannarono il lupo facendogli credere che la legatura fosse una prova di forza. Desideroso di compiacere i suoi padroni, il lupo spezzò la catena con un rapido calcio. Per evitare la rabbia e il possibile spargimento di sangue da parte del lupo, gli dèi applaudirono e si rallegrarono del successo.

Fool Me Twice

Gli dei ripeterono il processo, ma questa volta con una catena più spessa e pesante. Fenrir accettò di essere legato a un albero con questa catena. Cercò di liberarsi, ma all'inizio non ci riuscì. Voleva verificare la forza della catena prima di usare tutta la sua potenza, che poi la spezzò a metà. Per la seconda volta, gli dei applaudirono e si rallegrarono per il nuovo successo, ma c'era qualcosa di strano. Gli spettatori si lanciarono occhiate di traverso, mentre altri aggrottarono le sopracciglia.

Fenrir cominciò a mettere insieme i pezzi dei legami e della volontà di mettere alla prova il suo potere. Gli applausi sembravano invece vuoti e spaventati; non gli ci volle molto per capire che avevano paura di lui, anche se non sapeva perché.

Gleipnir: La catena infrangibile

Ormai nervosi, gli dei inviarono un messaggio ai nani. Era della massima importanza creare la catena più forte che potessero. La magia, decisero gli Asgardiani, era l'unica cosa che potesse davvero trattenerlo. I nani affrontarono la sfida e produssero una catena estremamente leggera e sottile rispetto alle due precedenti. La magia fu creata dall'impossibile: il rumore dei passi di un gatto, il respiro di un pesce oceanico, le radici di una montagna, la barba di una bella e fiera fanciulla e la saliva di un uccello. La catena fu chiamata Gleipnir.

Mai fidarsi di un Asgardiano

Una volta terminata la catena, tentarono di ingannare Fenrir una terza volta. Fenrir aveva il sospetto che gli dei stessero tramando qualcosa. Questo fece infuriare il massiccio lupo, che era cresciuto esponenzialmente dall'ultima volta che avevano cercato di incatenarlo. Tenne a bada i suoi sospetti fino a quando non fu brandita la terza catena.

Il lupo chiamò Odino, nutrendo forti sospetti. Non era un segreto che lui e Odino non andassero d'accordo. Odino non era mai stato presente prima, quindi perché era qui adesso? Odino cercò di calmare la bestia dicendogli che era uno scherzo e di non temerlo. Fenrir, tuttavia, fiutò le bugie nel suo alito.

Fenrir riconobbe subito il lavoro dei nani dalle dimensioni della catena stessa. Ricordò le dimensioni delle catene precedenti; questa era molto più leggera. Doveva essere stata usata la magia, e l'unica razza abbastanza intelligente da inserire la magia nella catena era quella dei nani.

La prova del destino

Fenrir prese una rapida decisione per valutare la reazione degli dei, quindi fece una semplice richiesta. Se la catena era solo uno scherzo, allora nessun dio avrebbe avuto problemi se uno di loro gli avesse messo il braccio in bocca mentre era legato. Se i legami si fossero rotti, avrebbe lasciato andare il dio. Se avesse percepito un tradimento della sua fiducia, Fenrir avrebbe divorato il braccio senza pensarci due volte.

Le reazioni degli dei non facevano che alimentare la sfiducia che nutriva nei loro confronti. Nessun dio vuole perdere un braccio. La paura che si insinuava nei loro occhi mentre lui avanzava le sue richieste non faceva altro che confermare ulteriormente a Fenrir che l'inganno era in atto.

Tyr fu l'unico dio che si offrì volontario per mettere il braccio nella bocca del lupo. Si avvicinò a Fenrir e, con delicatezza, mise il braccio all'interno. Gli dei lo incatenarono e attesero l'inevitabile.

La rimozione del braccio

Fenrir tirò contro le catene, prima per testare la forza dei legami. Non si mossero. Questa volta, con tutte le sue forze, lottò contro le catene, che lo tenevano solo più stretto. Non poteva spezzare queste catene incantate dalla magia.

Il lupo lanciò un'occhiata agli dèi e vide sui loro volti espressioni compiaciute di soddisfazione. Una parte di lui sperava di sbagliarsi, ma aveva imparato da suo padre Loki a non fidarsi mai veramente di un Asgardiano. Abbassò lo sguardo sul suo unico amico, quello che aveva nutrito e trascorso più tempo con lui. Tyr aveva un'aria infelice; il dio non condivideva la soddisfazione per il fatto che i legami non si sarebbero spezzati.

Arso da una rabbia insormontabile per gli dei Aesir e per il tradimento del suo unico amico, Fenrir staccò a morsi il braccio del dio della guerra. Con un ringhio, lo ingoiò per intero.

Tyr non fece rumore, ma accettò la sua punizione con grazia e dignità; dopo tutto, sentiva che la sua punizione per essersi avvicinato e poi tradito la creatura era giustificata. Si tenne la punta del braccio mentre il sangue ne sgorgava, spargendosi in una pozza sul terreno. Si allontanò dal lupo.

Legati per la vita fino a Ragnarok

Dopo aver legato con successo il temibile lupo, gli dei lo trasferirono in un luogo desolato e remoto, dove non sarebbe più stato una minaccia. Odino guidò gli dei verso la terra dove Fenrir sarebbe stato legato fino agli eventi del Ragnarok. Per tutto il tragitto, Fenrir gridò e ululò per la sua libertà.

Gli dei legarono il massiccio lupo a un masso. Fenrir continuò a ululare e a ringhiare contro gli dei che lo avevano tradito. Le ultime parole prima di non poter più parlare furono di violenza e vendetta. Promise a Odino che, quando il Ragnarok sarebbe stato su di loro, avrebbe cercato specificamente il dio e, in un atto di vendetta, giurò che avrebbe ucciso l'Onnipotente senza alcun rimorso.

Le parole agghiacciarono Odino fino alle ossa; sapeva della profezia e di come era stata predetta la sua morte. Gli occhi di Fenrir bruciavano di un odio senza pari. Odino sapeva, in quel momento, che Fenrir intendeva ogni singola parola.

Una volta che il lupo ebbe finito di parlare, Odino gli conficcò una spada nelle fauci per tenerle aperte e impedirgli di parlare ancora. La bava della sua bocca creò un fiume noto come "Aspettativa". È lì che Fenrir rimase fino all'inizio del Ragnarok.

Conclusione

Sia gli dèi che i mortali celebrarono la vittoria degli dèi nel neutralizzare la potenziale minaccia ad Asgard. Tyr fu celebrato soprattutto per il suo gesto altruistico, che illustrava ulteriormente il carattere del dio. Tyr non si fece ricrescere il braccio, ma ne conservò la punta come ricordo del suo dovere e del suo servizio ai regni.

Il racconto è anche un ammonimento. Come nel caso di Idun e delle sue mele d'oro, è importante diffidare di coloro che si possono chiamare amici.

Si può anche sottolineare che forse, se Fenrir fosse stato trattato come una risorsa invece che come una minaccia, le cose sarebbero potute andare diversamente per il pantheon nel suo complesso. Il racconto è servito anche a ricordare che il destino può sempre essere cambiato se si ha il coraggio di cambiarlo.

CAPITOLO 9: RAGNAROK

Il Ragnarok, chiamato anche "il crepuscolo degli dei", è facilmente il più famoso di tutti i miti del pantheon norreno. Il mito illustra la morte e la rinascita degli dei. Per quanto terrificante possa sembrare, il cambiamento e la morte sono l'unica cosa che rimane permanente.

Il segnale di allarme

Le Norne, Odino e Frigg sapevano che il periodo di Asgard sarebbe giunto al termine. I segnali dell'eventuale caduta degli dèi erano stati profetizzati, quindi tutti erano consapevoli che la fine dei giorni si stava avvicinando.

Tre anni di inverni rigidi

Il primo segnale di pericolo dell'imminente sventura fu rappresentato da tre inverni eccezionalmente lunghi e rigidi a Midgard. Vento pungente e neve coprirono l'intero regno per tre anni senza tregua. Niente primavera, estate o autunno. I figli del lupo Fenrir inghiottirono il sole e la luna, provocando un inverno sia per gli dei che per i mortali. Le stelle scomparvero. L'oscurità era iniziata.

La fame e le malattie hanno colpito gli umani e la disperazione li ha spinti a fare qualsiasi cosa per sopravvivere. I fratelli uccidevano i fratelli, i padri i figli. I mortali entrarono in un'epoca di spade e asce. La violenza esplose a Midgard e si riversò nel regno degli dei.

Per prepararsi alle prossime battaglie, Odino chiese consiglio a Mimir per l'ultima volta. Non c'era più nulla da dare: il tempo fatato degli dei stava per finire.

Morte, distruzione e caos

Quando l'inverno si avvolse e l'oscurità prevalse, la terra stessa cominciò a tremare. Il grande albero Yggdrasil tremò e gemette, come se fosse pronto a cadere. Le montagne si spianarono e i grandi alberi furono sradicati.

Loki e i suoi figli riuniti

Mentre i regni erano coperti di ghiaccio e neve, Loki e i suoi figli si liberarono dalle loro catene. Loki e Fenrir si liberarono dai loro legami nel bel mezzo del tremore della terra. Jormungand, che era rimasto dormiente per migliaia di anni, circondando Midgard nelle profondità degli oceani, sorse da quelle profondità. A causa dello sgretolamento delle montagne e dell'ascesa di Jormungand per vendicarsi, Midgard divenne una landa oceanica piena di mostri infidi.

Fenrir sfoderò la mascella per divorare tutto ciò che incontrava sul suo cammino mentre si lanciava sulla terra. Dal cielo alla terra, nulla fu risparmiato dalla sua distruzione. Jormungand sputò veleno nel cielo; nuvole di pioggia acida avvelenarono ogni cosa sul loro cammino. Le piante appassirono, i mortali morirono di fame o annegarono e l'aria stessa era velenosa.

Il Ragnarok era in pieno svolgimento e nulla si opponeva alla sua scia. Loki capitanava la nave nota come Naglfar, fatta con le unghie delle mani e dei piedi dei mortali morti. Il suo equipaggio era composto da giganti, pronti a respirare l'aria velenosa e caotica.

Inizia la lotta

Il tremore della terra permise ai Giganti del Fuoco e del Gelo di emergere e di unirsi al Ragnarok. I Giganti del Fuoco di Muspelheim attraversarono il Bifrost per entrare nel regno degli dei. Mentre attraversavano il ponte dell'arcobaleno, il Bifrost si disintegrò. Mentre i Giganti di Fuoco varcavano i cancelli, Heimdall soffiò nel suo corno, segnalando agli dèi che era giunto il momento di combattere.

Con Surtr a capo dei Giganti di Fuoco, essi caricarono gli dei con tutte le loro forze. La lama che Surtr brandiva era più calda e luminosa del sole. Distruggeva tutto ciò che si frapponeva al suo cammino. Urla di terrore e ruggiti di battaglia squarciarono i cieli mentre ogni schieramento si riuniva sul campo di battaglia noto come Vigrid, pronto per la resa dei conti finale tra dei e mostri.

Entrambe le parti erano impegnate in una battaglia. I mostri combattevano a fianco dei mostri, mentre gli dèi lottavano contro i loro membri. I soldati caduti del Valhalla, noti come einherjar, erano pronti all'azione e preparati per questo momento. Tutti gli eroi dei miti norreni si sono schierati a Vigrid, sia uccidendo le creature del destino che cadendo su di esse.

La caduta di Odino

Odino e Fenrir si affrontarono nella grande battaglia. Fenrir digrignava i denti con le labbra tirate indietro in un ringhio spaventoso. Il potente e saggio Odino lo respinse finché poté. Odino inflisse diversi colpi pesanti all'enorme lupo, ma alla fine inghiottì il capo degli dei.

Uno dei figli di Odino, Vidar, vide il temibile lupo inghiottire suo padre. Con gli occhi fiammeggianti, vendicò il padre. Indossava stivali fatti apposta per la battaglia, ricavati dagli scarti di pelle che i calzolai umani avevano scartato. Vidar tenne aperte le fauci della bestia. Mentre la bestia si dibatteva, affondò la spada nella gola di Fenrir.

La caduta di Tyr

Il dio della guerra Tyr affrontò un altro lupo di nome Garmr. Garmr era un mastino infernale proveniente da Hel. Il dio e il lupo si affrontarono in un'intensa battaglia sul campo di Vigrid. Alla fine, il lupo uccise il dio della guerra con una sola mano. Questa fu una vittoria per i mostri, che combatterono più duramente grazie al morale di questa uccisione.

La caduta di Heimdall e Loki

Heimdall e Loki si scontrarono dopo la caduta del Bifrost e il crollo del Ponte dell'Arcobaleno. A causa del loro rapporto teso e della diffidenza di Heimdall nei confronti del dio dell'inganno, i due ingaggiarono una lunga battaglia. Si affrontarono in duello, ad armi pari, finché entrambi gli dei non si uccisero. Il regno del dio dell'inganno era finito, ma anche uno degli dei più importanti di Asgard.

Freyr e Surtr

Dopo la morte dell'amato sovrintendente di Asgard, Freyr si scontrò con il leader dei Giganti di Fuoco, Surtr. Il dio della fertilità combatté valorosamente contro il suo nemico, ma la sua forza e la sua spada non furono all'altezza del Gigante di Fuoco. Dopo aver ucciso Freyr, il cielo si illuminò di una luce rosso cremisi al posto del cielo scuro di prima. Un altro dio era caduto.

La caduta di Thor e del Serpente

L'ultimo dio a cadere fu Thor, che rappresentò il culmine del Ragnarok. Gli eterni nemici Thor e Jormungand ingaggiarono un'ultima battaglia all'ultimo sangue. Mentre Odino combatteva contro Fenrir e cadeva, suo figlio maggiore Thor combatteva contro il serpente. Thor conficcò ripetutamente il suo martello Mjolnir nel cranio del serpente, mentre schivava i gas velenosi e il veleno di Jormungand. Dopo tanti colpi, il serpente giaceva morto davanti al dio del tuono. Thor, duramente colpito e con il sangue intriso di veleno, barcollò per nove passi prima di cadere a sua volta morto.

Dopo la caduta di Thor, il Gigante di Fuoco fu abbattuto. Prima della sua inevitabile scomparsa, scagliò un'ultima palla di fuoco contro Midgard. La palla di fuoco bruciò tutto ciò che incontrava sulla terra rimasta.

Il nuovo regno

Dopo il Ragnarok e la fine delle pesanti battaglie, i regni collassarono al loro interno. Il lavoro della creazione iniziale fu completamente annullato e l'unica cosa che rimase fu l'abisso Ginnungagap. O almeno così sembrava.

I sopravvissuti nelle pianure di Ida

Le divinità sopravvissute giurarono di creare un mondo nuovo e migliore dai pochi resti dell'abisso che erano sopravvissuti. Dove Surtr aveva lanciato la sua palla di fuoco, bruciando tutto ciò che incontrava, crebbe una nuova vegetazione verde e rigogliosa. Le Pianure di Ida erano il nuovo regno e brulicavano di vita. Gli animali tornarono nella precedente area di distruzione.

Tra le divinità sopravvissute c'erano i figli di Odino e Thor: Vidar e Vali, figli del grande Odino, e Modi e Magni, figli di Thor. L'amato dio Baldr e suo fratello Hodr emersero da Hel. Dopo la loro rinascita, si impegnarono per creare le Pianure di Ida.

I due mortali rimasti si chiamavano Lif e Lifthrasir, che riuscirono a fuggire dal paesaggio infernale della battaglia tra mostri e dei. Lif, il maschio mortale, e Lifthrasir, la femmina mortale, ripopolarono le Pianure di Ida e generarono una nuova razza di uomini buoni e giusti.

Conclusione

Mentre la fine del mondo era oscura e terrificante, il tema che i Vichinghi volevano ribadire era quello dell'impermanenza. Nulla rimane uguale; l'unica promessa della vita è il suo continuo fluire e rifluire.

Il pantheon norreno continua a ispirare la vita degli uomini di tutti i giorni. Indipendentemente dal mezzo, che si tratti di videogiochi, libri o film, il pantheon continua a dominare il genere fantasy. L'introduzione degli dei e delle creature che hanno incontrato, nel bene e nel male, continua a ispirare altri a seguire la tradizione della narrazione. La narrazione è parte integrante della condizione umana; è un dono che continua a essere richiesto. Dai nostri antenati alle generazioni future, la capacità di raccontare una buona storia, indipendentemente dalla fonte iniziale, continuerà fino a quando non incontreremo il nostro Ragnarok.

www.ingramcontent.com/pod-product-compliance
Lightning Source LLC
Chambersburg PA
CBHW070809120626
46557CB00002B/776